MALLKO Y PAPÁ

© 2014 Gusti

Edición: Daniel Goldin
Diseño: Gusti y Núria Oriol, con la colaboración de
Bruno Valasse y Alejandro Magallanes

D.R. © Editorial Océano, S.L.
Milanesat 21-23, Edificio Océano
08017 Barcelona, España
www.oceano.com

D.R. © Editorial Océano de México, S.A. de C.V.
Blvd. Manuel Ávila Camacho 76, piso 10
11000 México, D.F., México
www.oceano.mx
www.oceanotravesia.mx
9003895010814

Primera edición: 2014

ISBN: 978-607-735-395-9
Depósito legal: B-17200-2014

HECHO EN MÉXICO / MADE IN MEXICO
IMPRESO EN ESPAÑA / PRINTED IN SPAIN

MALLKO
Y PAPÁ

GUSTI

OCEANO travesía

NOM   Gusti

RECUERDO HACE UNOS AÑOS HABERLE PEDIDO
AL UNIVERSO, AL GRAN ESPÍRITU, O COMO QUIERAN
LLAMARLO, LA OPORTUNIDAD DE EXPERIMENTAR
"EL AMOR INCONDICIONAL". NADA DE PEQUEÑAS
APROXIMACIONES, SINO EL AMOR VERDADERO.
SE VE QUE HAY QUE TENER CUIDADO CON LO QUE
UNO PIDE, PORQUE SE TE CONCEDE.

¿POR QUÉ,
DIOS?

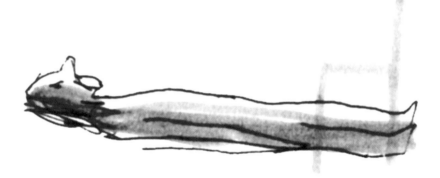

A veces, con los hijos, pasa como con el dibujo: no te sale como lo imaginabas.

A un dibujo lo puedes romper, y volver a hacer.
    Lo puedes borrar.

O hasta puedes retocarlo, mejorarlo a tu gusto,
perfeccionarlo con el photoshop.

Pero con el hijo, con el hijo de verdad…
eso…

        no lo puedes hacer.

Eso me ocurrió con Mallko:
no era como me lo había imaginado.

Llegó antes de tiempo, sin avisar, y…

no lo acepté.

PAPÁ PUPA

Lo mismo me ha ocurrido con algunos dibujos:
llegan, y no los acepto.

Me ha ocurrido muchas veces.
Los rechazo, pensando que no sirven.

¡¿Por qué no supe reconocer que estaba bien?!

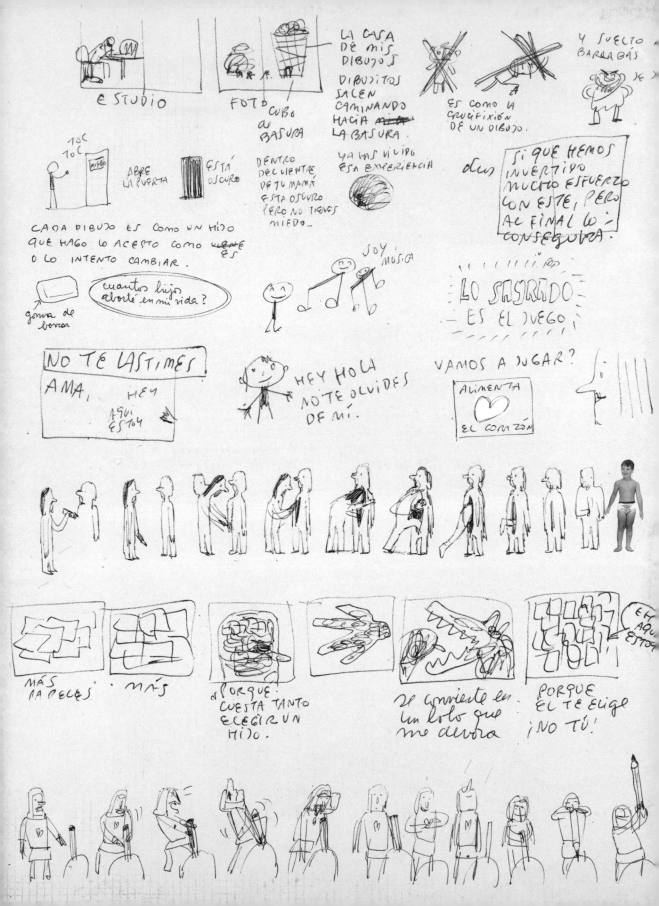

Con Mallkito me ocurrió exactamente eso:
cuando nació, no lo acepté.

No era como lo había imaginado.

¡ÉL ESTÁ BIEN
ASÍ COMO
ESTÁ!

Pasado cierto tiempo
me di cuenta de que,
como en el caso de los dibujos desechados…

¡ya estaba bien!

Y no sólo eso: me di cuenta de que era el mejor.

¡Lo mejor!

Por suerte, me dije, no lo rompí ni lo borré.

Sí, ya sé que esto suena muy cruel.
    Pero es la verdad.

        Mi verdad.

mano

de mamá

Anne

PARA ANNE "NUNCA"
FUE UN PROBLEMA
LA ACEPTACIÓN.

ASÍ SON LAS MAMÁS
Y TENEMOS MUCHO QUE
APRENDER DE LAS MUJERES.

MAMÁ

CUANDO NACIÓ MALLKO, ¿PENSASTE QUE ALGO NO ESTABA BIEN?
YO CUANDO NACIÓ MIRÉ QUE TENÍA SUS 5 DEDITOS DE MANO,
DE PIES Y SUS OJOS Y LO PUSE AL PECHO.
ROMPÍ AGUAS EN EL BAÑO, TÚ LLEGASTE
JUSTO DE HACER LAS COMPRAS.
"AHHHH" ¿QUÉ HAGO? ME DIJISTE.
LÁVATE LAS MANOS, TE DIJE, Y ME HICISTE UN BAÑO DE
AGUA TIBIA.
TUVIMOS QUE ESPERAR QUE LLEGARAN LOS PARTEROS PARA
CORTAR EL CORDÓN.
MENOS MAL QUE NO FUI A COMPRAR CONTIGO ESE DÍA.
ME SENTÍA RARA, NO ME IMAGINO HABER PARIDO ENTRE
LAS ESTANTERÍAS DEL "LIDL" O EL "EROSKI" ENTRE
CONGELADOS O EN UN PARKING.

Y CUANDO SUPISTE QUE ERA SÍNDROME DE DOWN,
¿QUÉ PENSASTE?
BUENO, NO ME ENTERÉ DE GOLPE,
AL PRINCIPIO FUISTE TÚ QUE AL OTRO DÍA DE NACER
MALLKO, ME PREGUNTASTE "¿POR QUÉ TIENE LOS OJOS
TAN ACHINADOS?"
QUIZÁS PORQUE ES PREMATURO TE DIJE.
LO ÚNICO QUE VEÍA DIFERENTE, PODÍA SER LA HIPOTONÍA.
ESO ME HIZO DUDAR.

YO CUANDO TOMÉ LA DECISIÓN DE NO HACERME LA
AMNIOCENTESIS YA SABÍA QUE HABÍA DOS OPCIONES:
QUE FUERA ASÍ O QUE FUERA OTRA COSA Y YA ESTÁ.

Yo digo que tenía prisa en venir y por eso no contó bien los
cromosomas. Anne estaba sola en casa.

ANNE

ASÍ TODO ESTÁ BIEN

ME SENTÍ CULPABLE PORQUE VOS NO LO ACEPTABAS
PERO EN EL FONDO SENTÍA QUE ESTE NIÑO TENÍA TODO
EL DERECHO DE VENIR "ASÍ" TAL COMO ES.
Y QUE PARA NOSOTROS IBA A SER UNA ENSEÑANZA, Y
UNA EXPERIENCIA.

Al pecho, lo único que sentía era que tenía un bebé indefenso y que
necesitaba el doble de amor, porqué a su papá le costaba entender.

THÉO

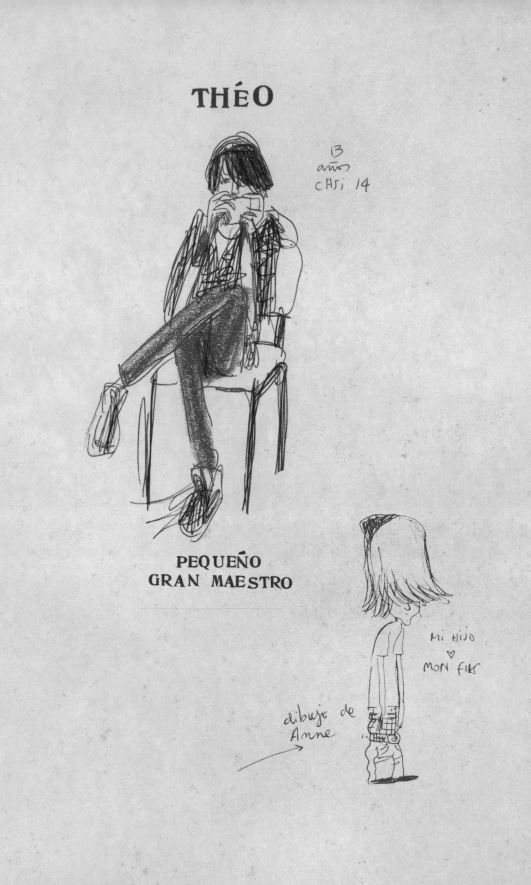

13
años
cAsi 14

PEQUEÑO
GRAN MAESTRO

mi Hijo
mon fils

dibujo de
Anne

Théo

théo

¿QUÉ LE PASA AL HERMANO MAYOR CUANDO TIENE UN HERMANITO CON SÍNDROME DE DOWN?

MUCHAS VECES LOS PADRES DE GOLPE PONEMOS MUCHA ENERGÍA EN EL NUEVO BEBE Y NOS OLVIDAMOS DE PRESTAR ATENCIÓN AL OTRO.

YO CREO QUE PASA ESO, PERO SI ESTAMOS ATENTOS PODEMOS ENCONTRAR ESE EQUILIBRIO, PARA QUE EL HERMANO MAYOR NO SE SIENTA DE LADO.

THÉO NOS AYUDA MUCHO CON MALLKO, CUANDO ESTAMOS MUY DESBORDADOS SIEMPRE PODEMOS CONTAR CON ÉL, ESTO LO HACE SER UNA GRAN PERSONA Y TENER MUCHO SENTIDO DE LA RESPONSA BILIDAD

De: Gusti <gusti@ri~~.~~om>
Asunto: **Hola hermanito**
Fecha: 17 de agosto de 2007 22:15:08 GMT+02:00
Para: luis jacome <~~i@ri~~.~~om>

Nada sólo quería decirte que no te preocupes por nosotros
Me di cuenta de que no vale la pena amargarse y hay que tirar pa adelante
Hablé con el Theo en Francia y me contaba de pelis de aliens y hulk y ahí me
di cuenta que la vida continúa y todo está bien hay un sólo camino no dos
Y es el camino del amor pues que asi sea
Oye te quiero un beso Gusti

MAÑANA LECTORA

FAB. 12-B

HIPNOTIZADOS

Théo y Malko interpetando una obra de teatro.

¿QUÉ ES EL "SÍNDROME DE DOWN"?
ME PREGUNTÓ MI HIJO THEO CON 8 AÑITOS
"ES LO QUE TIENE MALLKITO"- LE CONTESTÉ.
"PERO NOSOTROS LO VAMOS A QUERER IGUAL"- DIJE
SIN CARA DE CONVENCER A NADIE.
    ÉL ME DIJO: "A MÍ QUÉ MÁS ME DÁ SI ES VERDE,
ROJO O AZUL, PLATEADO CON PELOS O BADITO, GORDITO.
PARA MÍ SIEMPRE VA A SER "MI (MEJOR) HERMANITO."
LO MIRÉ Y VI A UN MAESTRO ILUMINADO EN LA TIERRA.
ESA FUE LA PRIMERA LECCIÓN QUE APRENDÍ DESDE
QUE NACIÓ MALLKO.

UN CUENTO

OREJAS DE ELEFANTE AFRICANO,

O LARGAS ANTENAS DE HORMIGA.

TENER CARA DE PIZZA

QUÉ MÁS DA SI ES ROJO COMO UN
TOMATE,

Tendrá muchos pelos?

Será peludo?

Tendrá cara de pizza?

Por mi p
3 piern

3

e tener

otros dicen que yo
será futbolista:

algunos dicen que
no será pesidente?

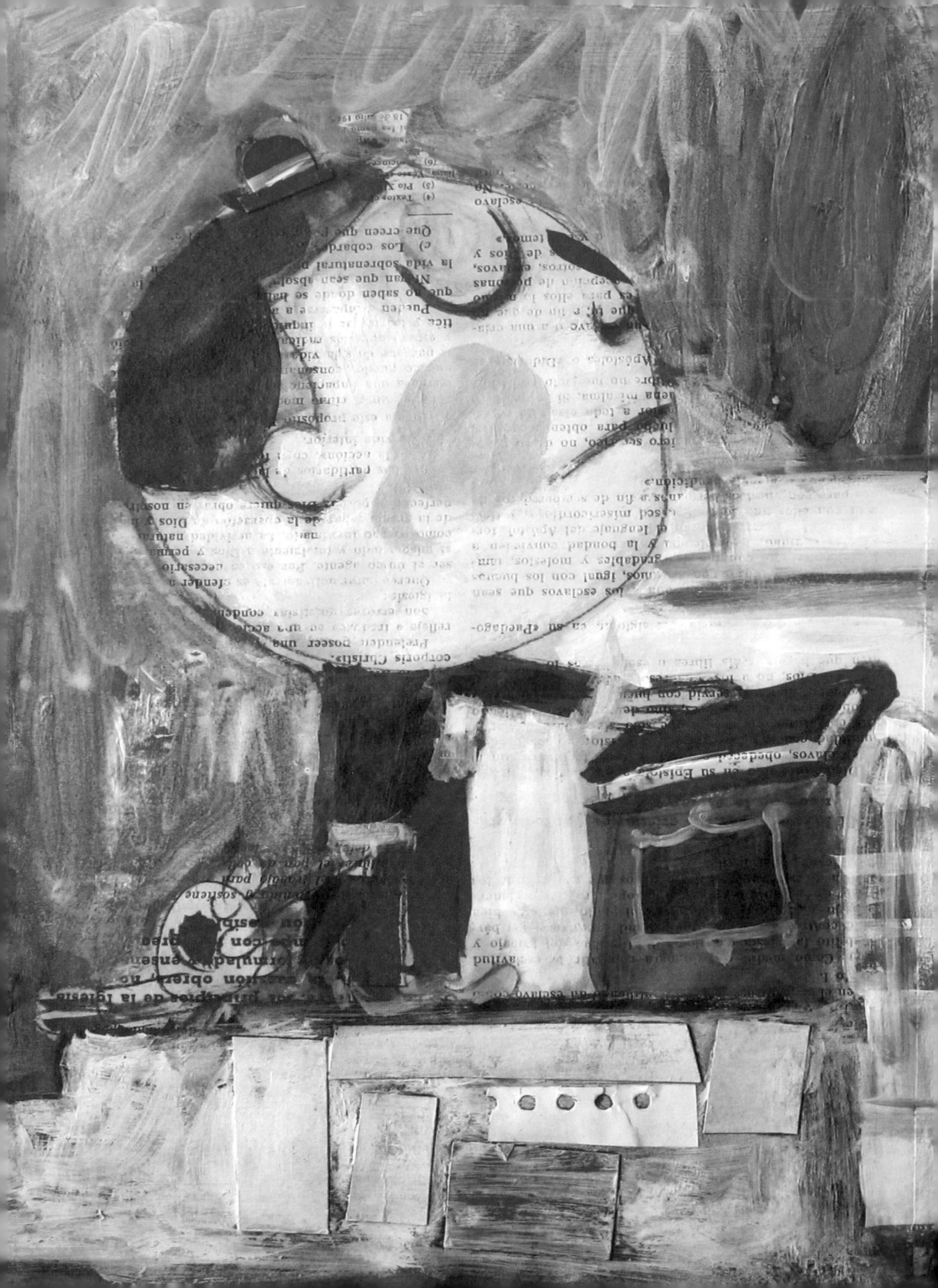

FIN

"QUÉ MÁS DA QUE SEA ROJO, VERDE, ALTO, PELUDO, BAJO, GORDO. PARA MI SERÁ SIEMPRE MI MEJOR HERMANITO"

mi mejor hermanito.

¿Cómo será mi hermanito?

¡Cuántas cosas podremos hacer juntos!

¿Tendrá los ojos verdes? ¿O lilas?

Si tiene la nariz grande y gorda del abuelo…

… lo llevaré a oler flores en el campo.

¿Y si la tiene alargada, como un mosquito?

"Pues iremos juntos a tomar un chocolate caliente."

Quizás sea gordo, como un luchador de sumo.

O tal vez sea un campeón en matemáticas,

y me ayude a entender eso de la raíz cuadrada.

Puede que sea todo peludo, como el primo Ismael.

Tener cara de pizza

o increíbles superpoderes y mirar a través de las paredes,

como Superman.

Qué más da si es rojo como un tomate,

amarillo como la yema de un huevo,

verde como la hierba,

o azul como el cielo y el mar.

Por mí, puede venir de otra galaxia,

de Júpiter o de Marte.

Tener cien ojos de diferentes tamaños,

veinte brazos y cuatro patas,

orejas de elefante africano,

o largas antenas de hormiga.

Mi hermanito ha nacido.

Mamá y papá ya lo han traído a casa.

Una nube se ha cruzado en la sonrisa de papá.

Algunos dicen que nunca será jugador de fútbol.

Otros, que no será presidente.

Y que no podrá tocar el piano.

Que nunca será paracaidista,

ni podrá conducir un autobús.

A mí me da igual.

Es más dulce que un bombón de nata y crema juntos.

Para mí, siempre será mi mejor hermanito.

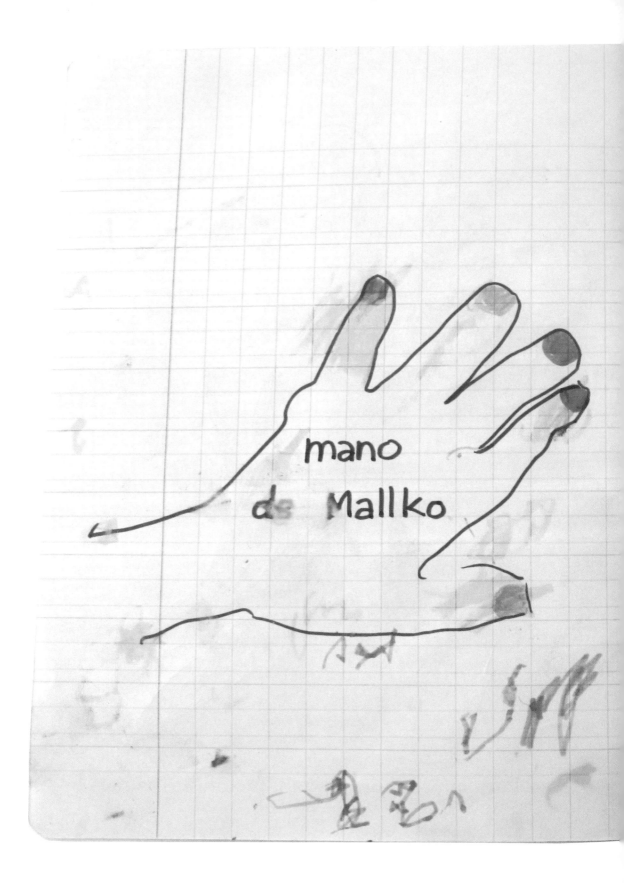

mano
de Mallko

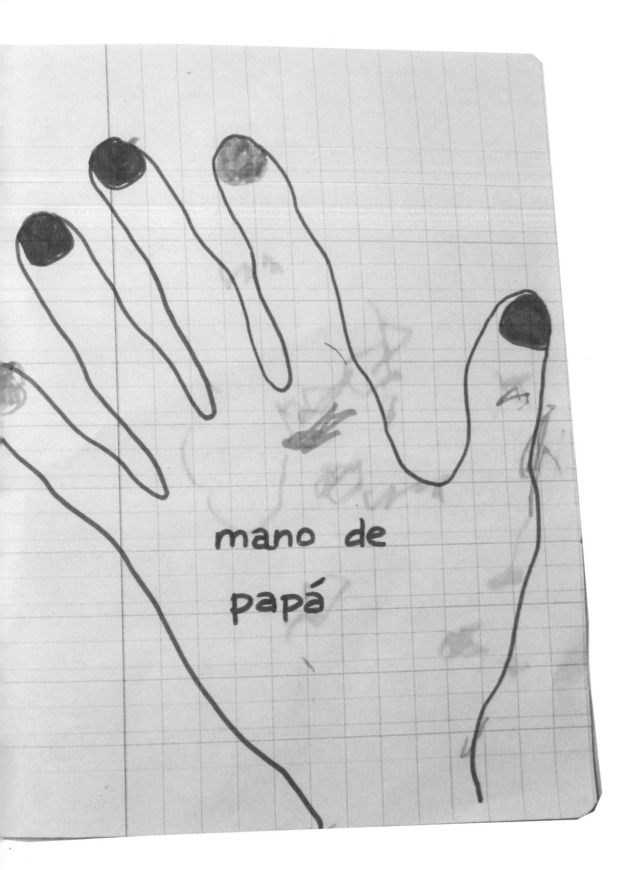

mano de

papá

Mallko

SU
UNIVERSO

¡HOLA!

¡HOLA!
SOMOS MALLKO Y GUSTI,
Y LES VAMOS A CONTAR
UN CUENTO.

HABÍA UNA VEZ
UN CONEJITO.
EL CONEJITO SE LLAMABA
MALLKO, PERO UN DÍA
SE TRANSFORMÓ...
EN UNA ¡MORSA!
DE UNOS DIENTES
MUY GRANDES.

LA MORSA DIJO,
"CONEJITO,"
¿ME PRESTAS UNA ZANAHORIA?

LAS MORSAS NO COMEN ZANAHORIAS
CONTESTÓ EL CONEJITO.

¡YO SOY DON CERDITO!

¡AH! PERDONE,
ES UD. DON CERDITO

¡YO SOY EL CERDITO!
GRRR GRRR
GRRRR

EL CERDITO TENÍA MUY POCA PACIENCIA,
ASÍ QUE LLAMÓ A SU AMIGA LA HORMIGUITA.

¡SOY UNA HORMIGUITA!
¡SOY UNA HORMIGUITA!

¡CUIDADO!
SR. CERDITO!

¡CUIDADO!
QUE PUEDE VENIR ...

UUVHHHgggHHUUggg

UUVHHGggr....

¡¡EL VAMPIRO
MALLKO!!

SE QUIERE
CHUPAR TODA
LA SANGRE...

DE LOS CERDITOS...

AAAGGHH!!!
AAAGGH!!!
AACHHH!!

JA JA
JA JA
JA

SR. VAMPIRO, SR. VAMPIRO
SI QUIERE CHUPAR SANGRE
LE RECOMIENDO LA DEL...

¡¡¡ELEFANTE!!!

TTTuuuu TTuuuu
GRRR GRRR
TTuuTTuuuTT

¿Y CÓMO HACE EL
ELEFANTE?

GUUAAAuu GUAUU GGGRRR!!!
GGRRRRR!!!
¡NO! ESO PARECE UN ¡PERRO LEÓN!

¡ Y AHORA
EL VAMPIRO
SOY YO!

Y AL ELEFANTE ...
- ¡ME LO COMO A BESOS!
¡ ÑAM, ÑAM, ÑAM!

SIEMPRE TENGO
CONFLICTO CON ESO
DEL DÍA TAL ES EL
DÍA DE ALGO.
PARA MÍ ~~E~~ TODOS
LOS DÍAS SON EL DÍA DE ALGO.

CROMOSOMA
— 21 MARZO DÍA MUNDIAL
del SÍNDROME de DOWN

REFERENCIA
A LA
TRISOMIA

Cuando comencé con este libro, me empecé a interesar por el
Síndrome de Down en el mundo. ¿Cómo será en África, en Asia...?

DIFERENCIA.

CUALIDAD, CARACTERÍSTICA O CIRCUNSTANCIA
QUE HACE QUE DOS PERSONAS O COSAS
NO SEAN IGUALES ENTRE SÍ.

¿CUÁLES SON TUS VERDADERAS NECESIDADES MALLKO?
TODAS LAS RESPUESTAS ME LLEVAN
A LA MISMA CONCLUSIÓN   AMOR

QUÉ COSAS LE GUSTAN A MALLKO:
PASEAR.
LEER DESNUDO (CULETE AL AIRE)
LA PLAYA. EL AGUA.
COMER POP CORN (PALOMITAS)
JUGAR CON LOS TRENES, COCHES,
DINOSAURIOS.
JUGAR A LA PELOTA.
AYUDAR EN LA COCINA.
DESARREGLAR TODOS LOS ARMARIOS.
ASUSTAR. TOCAR EL TAMBOR,
SERE LA FLAUTA, LA GUITARRA.
PINTAR. JUGAR CON EL ORDENADOR
VER DIBUJOS ANIMADOS.
LEER CUENTOS.
ROMPER LAS "PELOTAS"

DIFERENTE
ES IGUAL

PREGUNTA.
ENCUENTRA.

SIGUE
APRENDE
CAMBIA
BUSCA
CUESTIONA.
EQUIVÓCATE

LE ENCANTA
PONERSE LAS ZAPATILLAS MÍAS
LAS SANDALIAS DE LA MAMÁ
Y TAMBIÉN LAS DE THÉO SU
HERMANO.

SE VE QUE QUIERE PISAR
FIRME POR LA TIERRA.

LE ENCANTA AYUDAR Y COLABORAR
    LA ASPIRADORA LE FASCINA
PORQUE APRETANDO UN BOTÓN
SE ENCIENDE UNA LUZ Y EMPIEZA
A RUGIR, Y POR DONDE SALE
   EL AIRE
DESCUBRIÓ QUE SE PUEDE
ASPIRAR A SÍ MISMO.

EL PRINCIPIO DE "ACCIÓN - REACCIÓ
APRETAR UN BOTÓN Y QUE SE
ENCIENDA UNA LUZ, HAGA RUIDO
O QUE SE PONGA EN MARCHA

A REPETIRLO INFINIDAD
DE VECES

ME
PONGO
LA GORRA
ME QUITO
LA GORRA

AL RITMO DE LA MÚSICA JUGAR
A PONERSE LA GORRA, QUITARSE LA GORRA.

"LA CUCARACHA" DE LILA DOWNS

ME PONGO LA GORRA , ME QUITO LA GORRA ,

ME QUITO   ME PONGO   ME QUITO

ME PONGO   ME QUITO   ME PONGO

ME PONGO

ME QUITO

ME PONGO

ME PONGO

ME QUITO

ME PONGO

ME QUITO

ME PONGO

N37

Un gran dibujo de Mallko: "Coche con cuatro ruedas".

PIN PON PIN PON PIN

LOS
COCHES

VEHÍCULO DE CUATRO RUEDAS
PARA CIRCULAR POR TIERRA
QUE SE DIRIGE MEDIANTE
UN VOLANTE.

(A Mallko le encantan y pasa tiempo jugando con ellos.)

Mi padre toda la vida tuvo negocio de repuestos de coches. Así que no me extraña que los genes se hayan transmitido al Mallkito vía abuelo. Yo no sé cambiar ni una bujía.

ESPAÑA FRANQUEO PAGADO
CARTAS
0 0

Te gustan las caricias y los besos.

QUERER

CARINO O AMOR POR ALGUIEN.

Qué seas un lucerito para el mundo

♡

Para Mallko

RAYEN -
QUE SIGNIFICA "FLOR" EN MAPUCHE

Dicen que puede ser que seas "especial" entre nosotros
Sabemos que eres Especial! Hemos convivido a tu
lado estos días y nos has maravillado. Eres dulce, Eres
tierno, bonito y bueno.
Cuando estamos a tu lado nos sentimos en el Cielo

MALKO, l'indien blanc

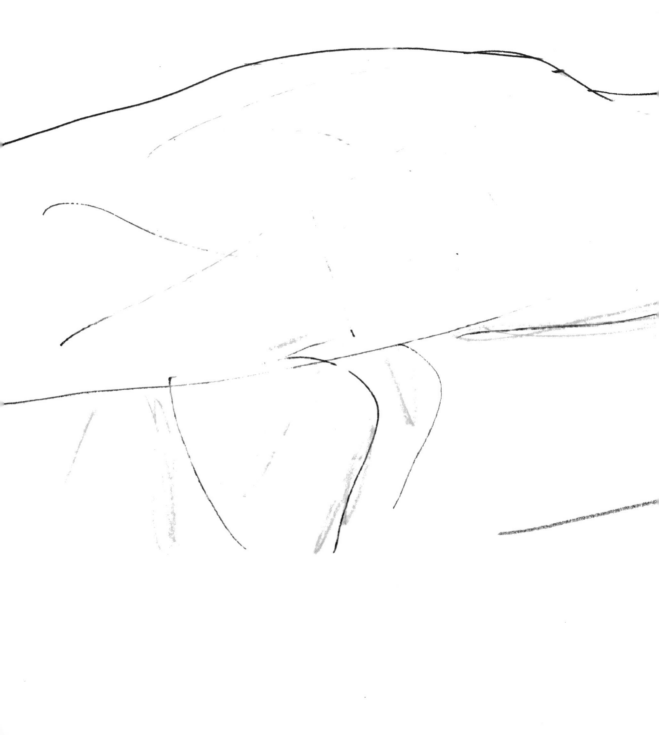

MAILKO ANDÁ A DORMIR
A TU CAMA

UNA NOCHE CUALQUIERA

DE PESADILLA

MALLKO ¿DORMIMOS UN CACHITO MÁS?

ESTO ES
MUY
SAGRADO

"HOY NO ME QUIERE
QUIERE A MAMÁ"

YO QUERÍA UN HIJO SANITO, NORMAL. ¿NORMAL?

¿QUÉ SIGNIFICA NORMAL AHORA?

MALLKO, DEBIDO A SU HIPOTONÍA, ES SUMAMENTE FLEXIBLE, COMO UN "YOGI".

~~EL~~ CUANDO NO QUIERE MOVERSE SE DEJA CAER COMO UN SACO DE ARENA.

EL SACO DE ARENA

NO!

Mallko ponete las gafas.

SE PUSO LAS GAFAS

EL BAÑO

¿VOY AL BAÑO?

CUANDO SE ENFADA, ÉL PONE CARA DE ENFADADO.
ES MUY IMPORTANTE PONER CARA DE ENFADO!!
TAMBIÉN SABE PONER
CARA DE PENA.

KUANDO ENTRAMOS A LA ESCUELA HACEMOS PASO "LEMUR"
ASÍ DE COSTADO.

← PASO LEMUR.

LA ESCUELA

ESTABLECIMIENTO PÚBLICO DONDE SE ENSEÑA.

EL 1er AÑO DE ESCUELA EL MALLKO ERA DÓCIL Y CARIÑOSO PARA RELACIONARSE BUSCABA A LOS QUE LES PODÍA TIRAR EL PELO A OTROS LOS EMPUJABA Y SI LLORABAN O GRITABAN ESO LE LLAMABA LA ATENCIÓN.

MALLKO QUERÍA JUGAR AL PRINCIPIO PARA RELACIONARSE.

Es una evidencia que Mallko aprenderá con todos, para los hijos y los padres es una oportunidad para relacionarse con una persona diferente, de igual a igual.

LOS OJOS DE MALLKO SON COMO DOS PESCADITOS.

TRES, TRES,

MALLKO ESTÁ
QUERIENDO CONTAR
CON LOS DEDOS,
Y ES MUY GRACIOSO:
TE DICE TRES
Y ENSEÑA DOS
DEDOS.

BUSTI

¡TENGO MIEDO!

MALLKO LE ENCANTA AYUDAR
LIMPIANDO EL PATIO

QUIÉN SE PUEDE RESISTIR A
SEMEJANTE AYUDA.

TANTO SI ES NEGRO, COMO SI ES BLANCO
TANTO SI ES PEQUEÑO, COMO SI ES GRANDE
SI ES DE AHORA O DE ANTES
DE CABELLO RUBIO O CASTAÑO
TÚ ERES EL CENTRO DE ESTE CENTRO
DE ESTE CENTRO TÚ ERES EL CENTRO.

Trocito del himno de CEIP Eladi Homs

MI MAMÁ ME PREGUNTA, SI TODOS LOS NIÑOS CON SÍNDROME DE DOWN LLEVAN EL PELO ASÍ COMO UN CASQUITO, Y QUE POR QUÉ NO LE HAGO UN CORTE ASÍ, MÁS MODERNO.

¡LA VERDAD ES QUE ME DEJÉ EL PELO LARGO PARA IMITAR AL DE RED HOT CHILI PEPPERS!

ESTA PÁGINA VA DEDICADA A CLARITA, MI MADRE, QUE A MIS CASI 50 AÑOS ME SIGUE DICIENDO

"NENE ANDÁ A CORTARTE EL PELO, TE VAN A LLEVAR PRESO"

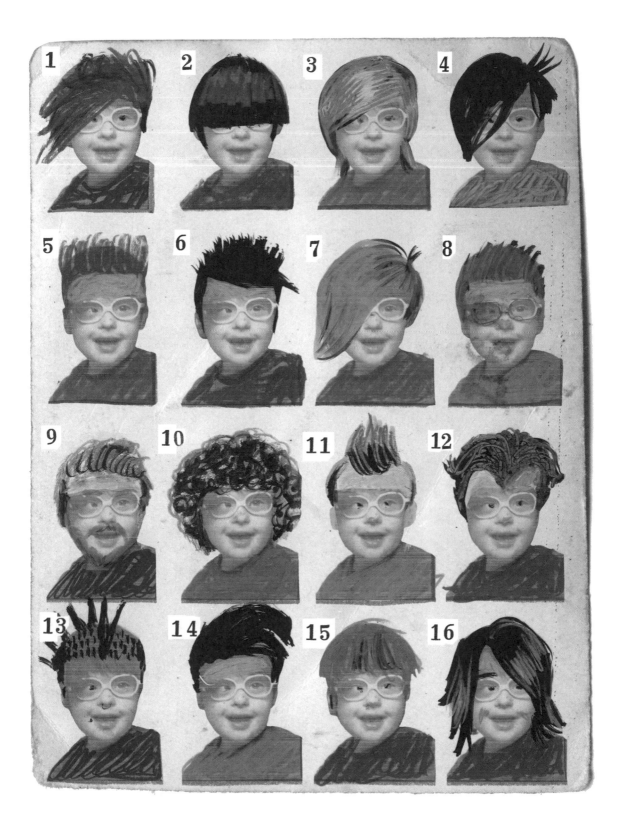

✳ 27 Lunes 11:00 AM
agosto
Estamos en el Hospital de TERRAZA, tenemos una
ecocardiografía, el Mallko duerme ajeno a todo
hace un día de calor bochornoso.

HOSPITAL — MÉDICOS.
LAS PERSONAS CON SÍNDROME DE DOWN
SUELEN PRESENTAR ALGUNA CARDIOPATÍA
O PROBLEMAS DEL CORAZÓN.
CUANDO LE TOCABA LA REVISIÓN A MALLKO
JUANMA UN AMIGO BIÓLOGO QUE TRABAJA
CON LAS ÁGUILAS, SOBRE TODO LAS IMPERIALES,
ME ENVIÓ UNA PIEDRA EN FORMA DE CORAZÓN
QUE EL MAR LE DEJÓ EN NUEVA ZELANDA
Y QUE ES EXACTAMENTE IGUAL AL CORAZÓN
DE UN ÁGUILA IMPERIAL DE VERDAD.
POR SUERTE LA REVISIÓN FUE UN ÉXITO.
         DEL CORAZÓN
                GRACIAS

Mallko durmiendo
antes de su
revisión del corazón

LAS DOS CARAS DEL CORAZÓN DE PIEDRA

LOS SURCOS CORONARIOS ESTÁN
MARCADOS EN AZUL

Mallko Papá

EL CORAZÓN ES COMO EL DE UN MACHO
DE ÁGUILA IMPERIAL. EN LAS RAPACES
LA CARA ANTERIOR O ESTERNAL ES
CONVEXA, MIENTRAS QUE POR DETRÁS
SON LIGERAMENTE PLANOS.

La magia está en el Corazón

Cuanto más se da, más se tiene!.

Cuanto más se encoge, más grande
se hace luego

Cuanto más niño, más deprisa late

Cuanto más viejo, más se ablanda

Cuanto más se ejercita, más crece

Cuanto más duele, más cura.

Cuando late por dos, ya laten tres

Si late por tres, late por todos

Cuando deja de latir, otros laten por él

La magia está en el corazón

Un Cariño Gigante, Malko   Ign + Ursula + Adri

SU CORAZÓN DE ÁGUILA ESTÁ BIEN.

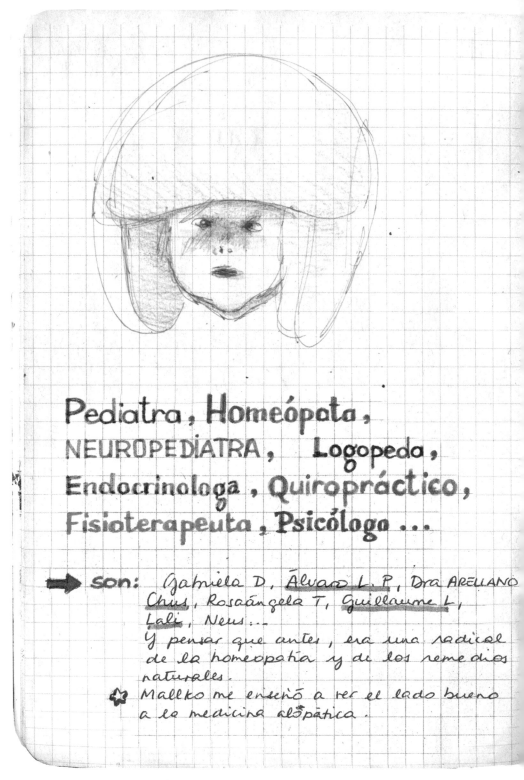

Pediatra, Homeópata, NEUROPEDIATRA, Logopeda, Endocrinologa, Quiropráctico, Fisioterapeuta, Psicólogo ...

➡ Son: Gabriela D, Álvaro L. P, Dra ARELLANO Chus, Rosaángela T, Guillaume L, Lali, Neus...
Y pensar que antes, era una radical de la homeopatía y de los remedios naturales.

✿ Mallko me enseñó a ver el lado bueno a la medicina alópatica.

Funcionamos por categorías y en el momento en que algo no entra en la categoría que pensamos, nos da miedo, lo apartamos, nos asustamos.

Zinnat ® 250 mg / 5 ml

granulado para suspensión oral en frasco

Cefuroxima

L-Thyroxin Henning® Tropfen

100 Mikrogramm /mhhTropfen zum einnehmen, Lösung

CEPATOL-H
medicamento Homeopático

LABCATAL X3

P **S** MANGANÈSE
Phosphore Azufre CUIVRE

CALCAREA CARBONICA 30 CH

todos los domingos por las noches.

Mallko

HUBO UNA ÉPOCA EN QUE MALLKO
TOMABA MÁS DE 7 COSAS DISTINTAS
ENTRE REMEDIOS NATURALES Y
MEDICAMENTOS ALOPÁTICOS.

TODOS LOS NIÑOS DEL MUNDO TIENEN UN DON.

UNO QUE HACE QUE LOS NIÑOS QUE LO TIENEN
NO CREZCAN COMO LOS DEMÁS Y SEAN SIEMPRE
UN PEDACITO DE CIELO EN LA TIERRA.

LO SAGRADO
EL JUEGO

NO TE OLVIDES
DE JUGAR, ME
DIGO A DIARIO.
97

MALLKO COMENZÓ A
RELACIONARSE A PARTIR
DEL JUEGO

MESSI-MALLKO

EL OTRO DÍA EN EL PARQUE, EL MALLKO
COGIÓ LA PELOTA DE UN NIÑO Y NOS PUSIMOS
A JUGAR.
DE VEZ EN CUANDO YO LE TIRABA LA PELOTA
AL NIÑO, PARA QUE NO SIENTA QUE LE HABÍAMOS
QUITADO LA PELOTA.

EL PAPÁ DEL NIÑO LE DECÍA A SU HIJO
"TÍRALE LA PELOTA A LA NIÑA"
UNA VEZ, DOS, TRES VECES
A LA CUARTA VEZ LE DIJE:
"ES UN NIÑO"

EL PAPÁ VOLVIÓ A DECIR
"TÍRALE A LA "NIÑA" LA PELOTA"
Y YO MÁS SERIO LE DIJE.
"QUE ES UN NIÑO"

¡AH! LO SIENTO, DIJO EL SR.
COMO LLEVA EL PELO LARGO
PENSÉ QUE ERA UNA NIÑA.

LE RESPONDÍ
" YO TAMBIÉN LLEVO EL PELO LARGO"

AL GRITO DE
MESSI-MALLKO
JUGAMOS AL
FUTBOL CON UNA
PELOTA DE BASKET

A MALLKO LE GUSTA
cogerla CON LA MANO PARANDO EL JUEGO.

CON MI PRIMER HIJO NO JUGUÉ MUCHO
AL FUTBOL, NO QUIERO QUE ME VUELVA
A PASAR CON MALLKO.

MALLKO CUANDO VE UNA PALOMA SE VUELVE "LOCO"
Y LA COMIENZA A PERSEGUIR PROFIRIENDO GRITOS.
IMAGINEN 1000 PALOMAS.
ES COMO SI ENTRARA EN TRANCE, PONE MI PACIENCIA AL LÍMITE.

UNA TARDE
TRANQUILA
EN PLAZA CATALUNYA.

VUELTA A EMPEZAR

HABÍAMOS QUEDADO CON ANNE QUE YO
ME LLEVABA A MALIKO AL CENTRO.
NOSOTROS VIVIMOS A UNA MEDIA HORA
DEL CENTRO DE BARCELONA.
PARA IR TENGO QUE COGER EL COCHE, APARCARLO
EN EL PARKING DE LA ESTACIÓN DE TREN, SIEMPRE
Y CUANDO CONSIGA LUGAR. LUEGO EL TREN A BAR-
CELONA. CUANDO LLEGAMOS PASAMOS POR LA PZA.
CATALUNYA. UNA, PZA. LLENA DE TURISTAS Y PALOMAS.
PALOMAS GORDÍSIMAS DE TANTO QUE LAS ALIMENTAN.
NO HAY UNAS CUANTAS, HAY MILES DE PALOMAS.
INCLUSO ALGUNAS SE TE SUBEN A LA MANO PARA
COMER Y SE DEJAN FOTOGRAFIAR.

¡UF! ME CANSÉ.

ENFERMEDAD
EL SÍNDROME DE DOWN (NO
ES UNA ENFERMEDAD.

DIVERSOS
TIPOS
DE PAPÁ
VEHÍCULOS

EL CONGELADO

MALLKO DISPONE DE MUCHOS PODERES.
UNO DE ELLOS ES EL RAYO "CONGELANTE."
TE TIRA UN RAYO, SUELE IR ACOMPAÑADO
DE UN ¡BWU! O ALGÚN GRITO,
Y TÚ TE QUEDAS CONGELADO.
UNA VEZ ESTÁS CONGELADO
DEBES ESPERAR
A QUE TE
DESCONGELE.
EL MÉTODO MÁS
EFECTIVO ES
EL BESO.
A VECES LO
INTENTA CON
OTRO ¡BUUU!!
PERO,
SI NO FUNCIONA
SE ACERCA Y TE DA UN
BESO Y TE DESCONGELAS.
Y VUELTA A EMPEZAR *
*(atención, el juego puede durar
varias horas)

A VECES ÉL TE PASA EL ~~PODER~~ DE CONGELAMIENTO Y ENTONCES LO CONGELAS A ÉL Y SE QUEDA CON LA CABEZA HACIA UN LADO.

se pone así

¡BBUUU!!!

JUGAR TAMBIÉN TE PERMITE AFRONTAR
DIFICULTADES Y DOLORES.
EN EL ÚLTIMO AÑO TUVIMOS QUE PASAR
DOS OPERACIONES.
UNA PARA MEJORAR LA AUDICIÓN Y OTRA
PARA MEJORAR LA VISIÓN.

EL MALLKO SE PORTÓ COMO UN
CAMPEÓN.

CUANDO SE RECOBRÓ
DE LA ANESTESIA.
SE QUERÍA ARRANCAR
LO QUE LE HABÍAN
PUESTO EN EL OJO.
ASÍ QUE YO ME PUSE
UNO Y ASÍ ÍBAMOS
LOS DOS IGUALES,
LA GENTE NOS
MIRABA POR
LA CALLE

¿MIRA MALLKO? PAPÁ
TAMBIÉN TIENE
PUPA EN EL
OJO.

MALLKO ANTES
DE LA OPERACIÓN
DE LOS OÍDOS

GANARÁ UN
30% MÁS DE AUDICIÓN
Y ENTONCES SERÁ
MUY BUENO PARA
SU COMUNICACIÓN
E INTEGRACIÓN.

LO QUE ME GUSTA DEL MALLKO ES SU
HUMOR. SIEMPRE ESTÁ JUGANDO AUN
ANTES DE UNA INTERVENCIÓN.

mallko
durmiendo
después de la operación

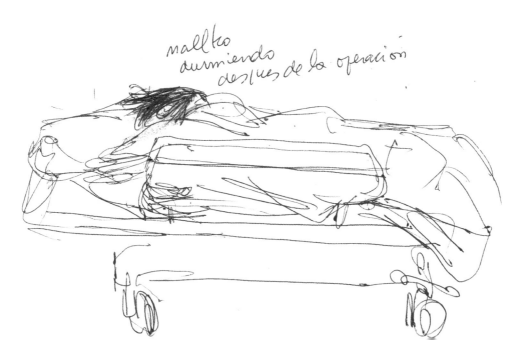

tren

LA
ESCALERA

UNA ESCALERA EMPINADÍSIMA
SE CONVIRTIÓ
EN UN GRAN ALIADO.
1- SIRVIERON PARA SUPERAR EL
MIEDO A UNA POSIBLE CAÍDA DE
MALLKO
2 - SIRVIERON PARA MEJORAR
MUY MUCHO SU PSICOMOTRICIDAD.
3 - PARA DARNOS CUENTA QUE
EL SUPERAR ADVERSIDADES TE
VUELVE MÁS FUERTE.

DISCAPACIDAD
DI CAPACIDAD

TODO EL MUNDO DICE QUE SOY "DISCAPACITADO"
PORQUE HAY MUCHAS COSAS QUE NO PUEDO HACER,
O NO ME DEJAN HACER. PERO YO ...
DE "AMOR" ENTIENDO IGUAL QUE TÚ.

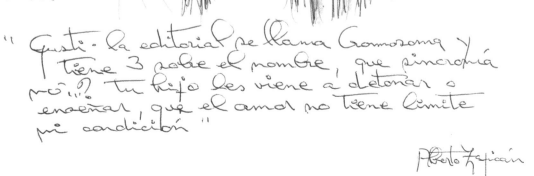

CROMOSOMA

" Gusti. la editorial se llama Cromosoma y
tiene 3 sobre el nombre, que sincronía
no...!? Tu hijo les viene a detonar o
enseñar, que el amor no tiene límite
ni condición "

Alberto Zapiaín

EN EL CICLO SUPERIOR ESTÁ IRENE QUE VA EN SILLA
DE RUEDAS.
MALLKO ESTÁ FASCINADO CON ESE APARATO Y SIEMPRE
QUE PUEDE, PASEA A IRENE POR EL PATIO.

AS ESTRELAS TEM A MARCA DE DEUS
A BONDADE TE A MARCA DE DEUS
A LIBERTADE TEM A MARCA DE DEUS
A ESPERANÇA TEM A MARCA DE DEUS
TRISTEZA A MARCA DE DEUS
A MÚSICA A MARCA DE DEUS
TEU IRMAO MARCA DE DEUS
NATUREZA MARCA DE DEUS

AS CRIANÇAS A MARCA DE DEUS

SEU FILHO TEM A MARCA DE DEUS

VUL 200

Música

PUM PUM PAM es el ritmo de una canción de Red Hot Chili Peppers "Dani California".
Las versiones de AC/DC "Black is Black" y alguna de Gam Gam Style son indibujables.

MAULKO Y P
DIBUJANDO

CUANDO DIBUJAMOS
JUNTOS, ENTRAMOS EN
UN UNIVERSO NUESTRO.
(PLAGADO DE
TREN, COCHE, PAPÁ Y MAMÁ)

A ÉL LE GUSTA PINTARME
LOS DIBUJOS, CASI SIEMPRE
COLOREA LOS OJOS.

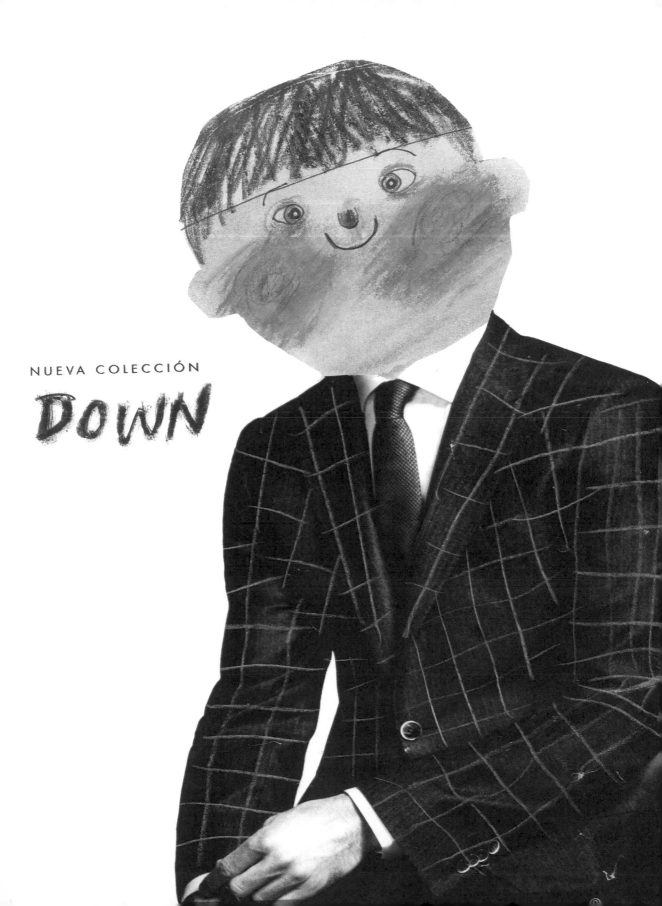

NUEVA COLECCIÓN

DOWN

LOS NIÑOS CON SÍNDROME DE DOWN
ESTÁN EN PELIGRO DE EXTINCIÓN

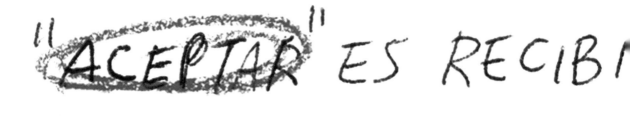
"ACEPTAR" ES RECIBI

Y CON AGRADO LO C

VOLUNTARIAMENTE

E SE NOS OFRECE.

GRACIAS.

MARCELO FUISTE EL 1º QUE LLEGÓ CUANDO NACIÓ MALLKO Y POR TODO TU APOYO EN ESOS DUROS MOMENTOS.

NIKO GRACIAS POR VENIR A COCINARME Y OFRECERTE PARA HACER LAS COMPRAS Y CONTARME QUE ESTOS SERES SON ANGELITOS DE LUZ.

YURI. GRACIAS POR HABERME AYUDADO A DAR ESE SALTO HACIA LA ACEPTACIÓN. GRACIAS POR HABERTE PUESTO EN ESE LUGAR Y GRACIAS A TODOS LOS MARCIANOS QUE ESTUVIERON ESE DÍA.

GRACIAS DANIEL POR TU MAIL A MALLKO, POR TU AMISTAD Y CONFIANZA. Y POR TODO EL APOYO PARA HACER ESTE LIBRO.

GRACIAS THEO MAESTRO, CON 8 AÑOS ME DISTE UNA GRAN LECCIÓN.

GRACIAS ANNE POR TU FE INQUEBRANTABLE, Y POR ESE PEDAZO DE SOL QUE PUSISTE EN MI VIDA.

GRACIAS ADRI -

GRACIAS CORCHITO -

GRACIAS TONY POR CONTARME CÓMO SE VIVÍA. ANTES EN LA TIERRA.

GRACIAS A MI HERMANO MARCOS.

GRACIAS A MI PAPÁ, SIEMPRE ME APOYASTE.

GRACIAS CLARITA.

GRACIAS BARBA POR ESE DÍA QUE VINISTE A TOMAR MATE.

GRACIAS CIRUELO Y DANIELA POR CUIDAR DE THEO HASTA QUE PASÉ LA TORMENTA, Y POR RECORDARME EL PEDIDO AL UNIVERSO DE MALLKO CON LOS QUEBRANTAHUESOS.

GRACIAS JUANMA POR ENVIARME EL CORAZÓN PIEDRA PARA MALLKO EL DÍA SU EXAMEN DEL CORAZÓN.

GRACIAS PADRINOS LUIS POR ESE LLAMADO DESDE LA PATAGONIA.

GRACIAS JUANMEKE CARTERO.

ISMA GRANDULLÓN GRACIAS POR TUS CONSEJOS Y ENSEÑANZAS.

GRACIAS ALEJANDRO MAGALLANES POR DESPERTARME LA LLAMITA QUE TENÍA APAGADA Y QUE ME LA VOLVISTE A ENCENDER.

GRACIAS A JORGE ZETNER POR SU INESTIMABLE AYUDA.

GRACIAS A RAFAEL SALMERÓN INCONDICIONAL Y SIEMPRE OFRECIENDO SU AYUDA CON EL TEXTO DEL CUENTO.

GRACIAS AL MAESTRO EMILIO UBERUAGA.

GRACIAS A GEORGINA. MERCE, Y TODAS LAS BELLAS PERSONAS DELA ESCUELA
"ELS XIPRERS" A PABLO. MIREIA. PANCHO TODOS LOS MONITORES.

GRACIAS A JORGE BUCAY

GRACIAS A MIGUEL GALLARDO POR LLAMARME Y OFRECERME SU AYUDA POR
CUALQUIER COSA.

GRACIAS A ANNA CRUANYES POR LA PACIENCIA. Y POR TODOS LOS TRÁMITES

GRACIAS A JORGE GONZALES POR DARME ESTA OPORTUNIDAD DE REALIZAR
ESTE LIBRO.

GRACIAS A TODOS LOS QUE ME OFRECIERON Y OFRECEN SU AYUDA.

XAVI MARTÍ - LOLA BARRERA - NURI Y MONT DE LAS BIBLIOTECAS.

INGE NOWS - DAVID - ANAMARÍA - MARIONA EN NOMBRE DE LOS MALLKOS GRANDES!

GRACIAS A LA GENTE DE ARGENTINA, COLOMBIA, MÉXICO, BÉLGICA,
FRANCIA, ESPAÑA.

ELENIO, GUSTAVO ROLDAN, DANIEL ROLDAN, DIEGO, CHRISTIAN TURDERA.
CUBILLAS,

CESAR LUCADAMO POR LAS FOTOS. GRACIAS.

CLAUDIA COMPAÑERA DE CAFÉS.

SEB. ISIDRO FERRER. ENRIQUE LARA.

FUNDACIÓN S.D. DE BARCELONA

ANA CANDEL Y JOSE POR LA PREPARACIÓN AL PARTO
Y EL ACOMPAÑAMIENTO.

GRACIAS ANITA LOPEZ DE MADRID.

HENRY FLOWERS - ELENA SANTALAYA

¡GRACIAS KAREN!

GRACIAS ¡GRAN ESPÍRITU!

GRACIAS SAMUEL Y ALOS INTRATERRENOS.

GRACIAS A ANDRES MOCTEZUMA

JEPON, MOXAGAS GRACIAS.

GRACIAS NURIA ORIOL POR EL DISEÑO

GRACIAS SILVIA PEREZ OCHOA

LA CUIDASTE A ANNE EN EL HOSPITAL
CON COMIDAS RICAS.

GRACIAS A TODOS, SEGURO ME OLVIDO DE UN MONTÓN
DE GENTE PERO AHÍ LES DOY LAS GRACIAS.
"GRACIAS"

HASTA LA PRÓXIMA
AMIGOS!

HOY MALLKO
TIENE 6 AÑOS
Y ES MUY
FELIZ

TERMINÉ

G usti nació en Buenos Aires el 13 de julio de 1963. Cursó estudios en la escuela de arte Fernando Fader. Se inició en el mundo de la animación en el estudio Catu Cineanimación. Trabajó en los estudios de Hanna-Barbera, donde realizó ilustraciones y animaciones para televisión. Compaginó esta tarea con la de ilustrador en revistas infantiles.

En 1985 se instala en Europa: París, Madrid y finalmente Barcelona, ciudad en la que reside en la actualidad. Gusti ha ilustrado numerosos libros, algunos de los cuales han sido publicados en más de veinte países. Realizó la serie de animación *Juanito Jones* junto con Ricardo Alcántara.

Gusti tiene otras pasiones, como las aves —en especial las rapaces—, por lo que ha colaborado de forma voluntaria en centros especializados. Ha viajado a la Amazonia ecuatoriana para estudiar al águila harpía, y a la Patagonia con el proyecto Cóndor. Con la idea de fomentar una sociedad incluyente, fundó recientemente, junto con otros artistas, la asociación WinDown.